L'estel 2

Material seqüenciat de lectura

Montse Castells
Montse Farrés
Josep Font
Salut Vilaró

Eumo Editorial

Segona reimpressió: març de 2012

Disseny de la maqueta: PUK Creativitat
Maquetació: Victòria López
Disseny de la coberta: Eumogràfic

Eumo Editorial. C. de Perot Rocaguinarda, 17. 08500 Vic
Tel. 93 889 28 18 - Fax 93 889 35 41
www.eumoeditorial.com - eumoeditorial@eumoeditorial.com
–Eumo és l'editorial de la Universitat de Vic–

Imprès a Grafos

Dipòsit legal: B-24.740-2010
ISBN: 978-84-9766-154-6

l

ENSENYANT: Aquesta és la lola (*allargant el so /l/*), lola comença amb el so /l/. La lletra del so /l/ és aquesta (*assenyalant la grafia*). Què hi diu, aquí? (*assenyalant la grafia*).

ALUMNE/-A: /l/ (*allargant el so /l/*).

l

d	l	m	s
n	t	c	l
l	d	n	l
s	m	l	g

PAS 1: APARELLAR – PAS 1.1

ENSENYANT: Aquí hi diu /l/ (*allargant el so /l/*). Assenyala i encercla les que són iguals que aquesta.
ALUMNE/-A: *Assenyala i encercla la lletra* l, *dient el so cada cop que l'encercla.*

l

poma sala mà

suma nit polo

pèl pela sis

músic nen lot

PAS 1: APARELLAR – PAS 1.2

ENSENYANT: Aquí hi diu /l/ (*allargant el so /l/*). Assenyala i encercla les que són iguals que aquesta.
ALUMNE/-A: *Assenyala i encercla la lletra* l, *dient el so cada cop que l'encercla.*

p s l d

m l c l

l d n s

t j l m

PAS 2: ESCOLLIR – PAS 2.1

ENSENYANT: Assenyala i encercla on hi diu /l/ (*allargant el so /l/*).
ALUMNE/-A: *Assenyala i encercla la lletra* l*, dient el so cada cop que l'encercla.*

mula	seu	col
lupa	mèu	pes
dau	sola	piu
marta	fil	gat

PAS 2: ESCOLLIR – PAS 2.2

ENSENYANT: Assenyala i encercla on hi diu /l/ (*allargant el so /l/*).
ALUMNE/-A: *Assenyala i encercla la lletra* l*, dient el so cada cop que l'encercla.*

l au m u

m l i ou

i l m l

e ui l a

PAS 3: LLEGIR – PAS 3.1

ENSENYANT: Aquí hi diu /l/ (*allargant el so /l/*). Què hi diu, aquí? (*Cada vegada que hi ha la lletra* l).

ALUMNE/-A: *Llegeix amb l'ajuda del model de la lletra* l, *i tot sol la resta de la pàgina, assenyalant amb el dit cada una de les grafies.*

l au i m

u l m o

l ai a l

m e l u

PAS 3: LLEGIR - PAS 3.2

ENSENYANT: Què hi diu, aquí?

ALUMNE/-A: *Llegeix la pàgina sencera, assenyalant amb el dit cada una de les grafies.*

l a

la

l e

le

l o

lo

l i

li

l u

lu

LECTURA DE SÍL·LABES. PRESENTACIÓ

ENSENYANT: Aquí hi diu /l/ (*allargant el so /l/*) i aquí hi diu /a/ (*allargant el so /a/*) i juntes diuen /la/ (*allargant cada un dels sons*). Què hi diu, aquí?

ALUMNE/-A: /la/ (*allargant cada un dels sons*).

(S'ha de fer el mateix síl·laba per síl·laba, assenyalant amb el dit cada una de les grafies.)

le lo li lu la

li	mo	le	la
so	lu	pi	lo
nu	ta	le	lu
la	pe	lo	li

PAS 1: APARELLAR – PAS 1.1

ENSENYANT: Aquí hi diu /le/ (*allargant cada un dels sons*). Assenyala i encercla les que són iguals que aquesta.
ALUMNE/-A: *Assenyala i encercla on hi diu /le/, repetint la síl·laba cada cop que l'encercla.*
(S'ha de fer el mateix síl·laba per síl·laba, assenyalant amb el dit cada una de les grafies.)

lu la le li lo

tele mal milú

pala lupa oli

maleta pèl polo

molí lola sol

PAS 1: APARELLAR – PAS 1.2

ENSENYANT: Aquí hi diu /lu/ (*allargant cada un dels sons*). Assenyala i encercla les que són iguals que aquesta.
ALUMNE/-A: *Assenyala i encercla on hi diu /lu/, repetint la síl·laba cada cop que l'encercla.*
(S'ha de fer el mateix síl·laba per síl·laba, assenyalant amb el dit cada una de les grafies.)

ca	lu	po	la
lo	me	si	le
pa	li	lo	ne
lu	so	le	la
li	te	mo	pi

PAS 2: ESCOLLIR

ENSENYANT: Assenyala i encercla on hi diu /la/ (*allargant cada un dels sons*).
ALUMNE/-A: *Assenyala i encercla on hi diu /la/, repetint la síl·laba cada cop que l'encercla.*
(S'ha de fer el mateix síl·laba per síl·laba, assenyalant amb el dit cada una de les grafies.)

l a

la

l e

le

l o

lo

l i

li

l u

lu

PAS 3: LLEGIR – PAS 3.1

ENSENYANT: Aquí hi diu (*alumne/-a* → /l/) i aquí hi diu (*alumne/-a* → /a/) i juntes diuen /la/ (*allargant cada un dels sons*). Què hi diu, aquí?

ALUMNE/-A: /la/ (*allargant cada un dels sons*).

(S'ha de fer el mateix amb les altres síl·labes, assenyalant amb el dit cada una de les grafies.)

le la lu li

la lo lu le

li le lo la

lu li lo le

PAS 3: LLEGIR – PAS 3.2

ENSENYANT: Què hi diu, aquí?
ALUMNE/-A: *Llegeix tot sol la pàgina sencera, assenyalant amb el dit cada una de les grafies.*

li	ma	le	lo
me	lu	la	mi
lo	le	mu	la
li	mo	ma	lu

PAS 3: LLEGIR – PAS 3.3

ENSENYANT: Què hi diu, aquí?

ALUMNE/-A: *Llegeix tot sol la pàgina sencera, assenyalant amb el dit cada una de les grafies.*

oli

meló

ala

molí

mal

lola

mel

lila

LECTURA DE PARAULES

(Abans d'introduir la lectura de paraules, cal treballar-les a nivell oral i visual i, fer exercicis de comprensió oral –cal assegurar-se que l'alumne/-a coneix el vocabulari que ha de llegir.)

(Abans de presentar la lectura de paraules d'aquesta pàgina, l'ensenyant proposa activitats orals de síntesi de paraules senzilles, per exemple: lila, mal, oli. *Després presenta la paraula clau /lola/ fonema per fonema i l'alumne/-a n'ha de fer la síntesi.)*

ENSENYANT: *Assenyala els dibuixos i llegeix assenyalant amb el dit, cada una de les paraules.*

ALUMNE/-A: *Imita el model de l'ensenyant.*

lola

oli

lola

meló

mal

meló

meló

lola

mal

oli

PAS 1: APARELLAR - PAS 1.1

ENSENYANT: Aquí hi diu /lola/ (*assenyalant amb el dit, cada una de les grafies*). Busca la que és igual. (*En les paraules de dues síl·labes, l'ensenyant assenyala cada síl·laba mentre la pronuncia*).

ALUMNE/-A: *Assenyala on hi diu /lola/, ho repeteix i uneix les dues paraules.*

(Cal fer tots els exercicis del pas 1.1 el mateix dia.)

oli

mal
lola
oli
meló

mal

meló
lola
oli
mal

PAS 1: APARELLAR - PAS 1.1

ENSENYANT: Aquí hi diu /oli/ (*assenyalant amb el dit, cada una de les grafies*). Busca la que és igual. (*En les paraules de dues síl·labes, l'ensenyant assenyala cada síl·laba mentre la pronuncia).*

ALUMNE/-A: *Assenyala on hi diu /oli/, ho repeteix i uneix les dues paraules.*

(Cal fer tots els exercicis del pas 1.1 el mateix dia.)

mal lola

oli mal

lola meló

meló oli

---

oli mal

meló lola

mal meló

lola oli

PAS 1: APARELLAR – PAS 1.2

ENSENYANT: Aquí hi diu /mal/ (*assenyalant amb el dit, cada una de les grafies*). Busca la que és igual.
ALUMNE/-A: *Assenyala on hi diu /mal/, ho repeteix i uneix les dues paraules.*
(S'ha de fer el mateix amb totes les paraules.)

mal
oli
meló
lola

meló
ala
lola
mal
molí
oli

mal oli lola meló

PAS 1: APARELLAR - PAS 1.3

ENSENYANT: Aquí hi diu /mal/ (*assenyalant amb el dit, cada una de les grafies*). Busca la que és igual.
ALUMNE/-A: *Assenyala on hi diu /mal/, ho repeteix i uneix les dues paraules.*
(S'ha de fer el mateix amb totes les paraules.)

PAS 2: ESCOLLIR - PAS 2.1

ENSENYANT: *Assenyala un per un els dibuixos i en diu el nom. Després diu:* assenyala on hi diu /lola/.
ALUMNE/-A: *Assenyala on hi diu /lola/ i ho repeteix.*

oli
mal
meló

mal
lola
oli

meló
oli
mal

mal
meló
lola

PAS 2: ESCOLLIR – PAS 2.2

ENSENYANT: Assenyala on hi diu /oli/.
ALUMNE/-A: *Assenyala i encercla on hi diu /oli/ i ho repeteix.*

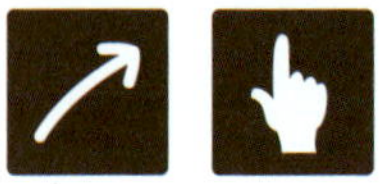

mal
lola
oli
meló

lola mal meló oli

PAS 2: ESCOLLIR – PAS 2.3

ENSENYANT: Assenyala on hi diu /lola/.
ALUMNE/-A: *Assenyala on hi diu /lola/ i ho repeteix.*
ENSENYANT: Assenyala el dibuix.
ALUMNE/-A: *Assenyala el dibuix i uneix amb una ratlla la paraula i el dibuix.*

PAS 3: LLEGIR – PAS 3.1

ENSENYANT: Aquí hi diu /lola/ (*assenyalant amb el dit cada una de les grafies*). Què hi diu, aquí?
ALUMNE/-A: /lola/ (*assenyalant amb el dit cada una de les grafies*).

oli meló lola mal

oli

mal

meló

lola

PAS 3: LLEGIR – PAS 3.2

ENSENYANT: Què hi diu, aquí?
ALUMNE/-A: /oli/.

PAS 3: LLEGIR – PAS 3.3

ENSENYANT: Què hi diu, aquí?
ALUMNE/-A: /oli/.
ENSENYANT: Busca el dibuix.
ALUMNE/-A: *Assenyala el dibuix i uneix amb una ratlla la paraula i el dibuix.*

meló	mal	oli
lola	oli	lola
mal	meló	oli
meló	lola	mal

PAS 3: LLEGIR – PAS 3.4

ENSENYANT: Què hi diu, aquí?

ALUMNE/-A: /meló/.

ENSENYANT: Què has llegit? Per què serveix? Què és? On és? (*L'alumne/-a ha de contestar algunes d'aquestes preguntes de cada una de les paraules*).

↗

lila

ala

mel

molí

lila

mel

ala

molí

mel

lila

PAS 1: APARELLAR – PAS 1.1

ENSENYANT: Aquí hi diu /lila/ (*assenyalant amb el dit, cada una de les grafies*). Busca la que és igual. (*En les paraules de dues síl·labes, l'ensenyant assenyala cada síl·laba mentre la pronuncia*).

ALUMNE/-A: *Assenyala on hi diu /lila/, ho repeteix i uneix les dues paraules.*

(Cal fer tots els exercicis del pas 1.1 el mateix dia.)

molí

lila

molí

ala

mel

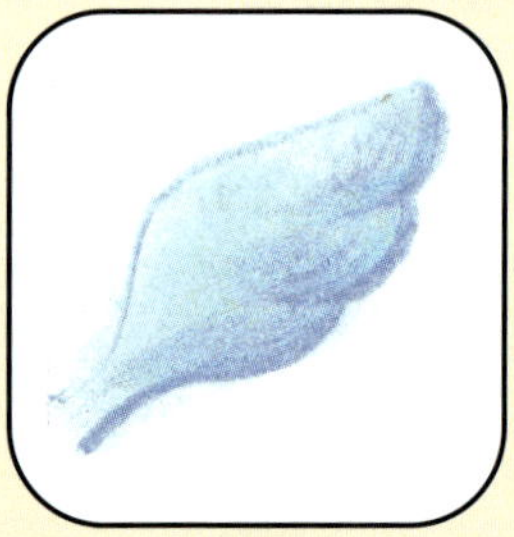

ala

ala

mel

lila

molí

PAS 1: APARELLAR – PAS 1.1

ENSENYANT: Aquí hi diu /molí/ (*assenyalant amb el dit, cada una de les grafies*). Busca la que és igual. (*En les paraules de dues síl·labes, l'ensenyant assenyala cada síl·laba mentre la pronuncia*).

ALUMNE/-A: *Assenyala on hi diu /molí/, ho repeteix i uneix les dues paraules.*

(Cal fer tots els exercicis del pas 1.1 el mateix dia.)

ala mel

molí lila

mel ala

lila molí

---

molí lila

mel ala

ala molí

lila mel

PAS 1: APARELLAR – PAS 1.2

ENSENYANT: Aquí hi diu /ala/ (*assenyalant amb el dit, cada una de les grafies*). Busca la que és igual.
ALUMNE/-A: *Assenyala on hi diu /ala/, ho repeteix i uneix les dues paraules.*
(S'ha de fer el mateix amb totes les paraules.)

mel
molí
ala
lila

molí
meló
lila
ala
oli
mel

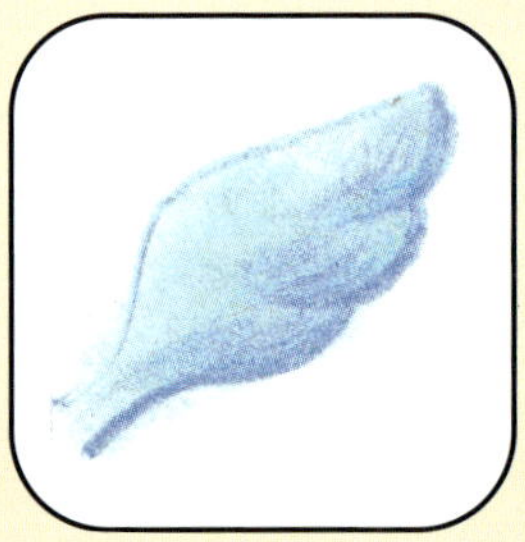

mel molí ala lila

PAS 1: APARELLAR – PAS 1.3

ENSENYANT: Aquí hi diu /mel/ (*assenyalant amb el dit, cada una de les grafies*). Busca la que és igual.
ALUMNE/-A: *Assenyala on hi diu /mel/, ho repeteix i uneix les dues paraules.*
(S'ha de fer el mateix amb totes les paraules.)

PAS 2: ESCOLLIR – PAS 2.1

ENSENYANT: *Assenyala un per un els dibuixos i en diu el nom. Després diu:* assenyala on hi diu /ala/.
ALUMNE/-A: *Assenyala on hi diu /ala/ i ho repeteix.*

mel
ala
lila

lila
molí
mel

ala
mel
molí

mel
lila
ala

PAS 2: ESCOLLIR – PAS 2.2

ENSENYANT: Assenyala on hi diu /ala/.
ALUMNE/-A: *Assenyala i encercla on hi diu /ala/ i ho repeteix.*

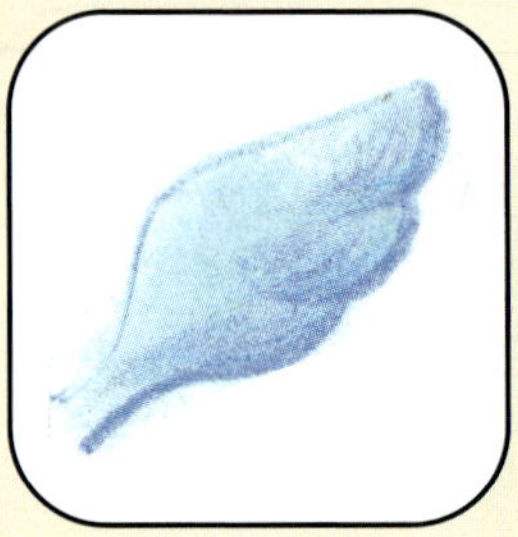

lila

ala

mel

molí

   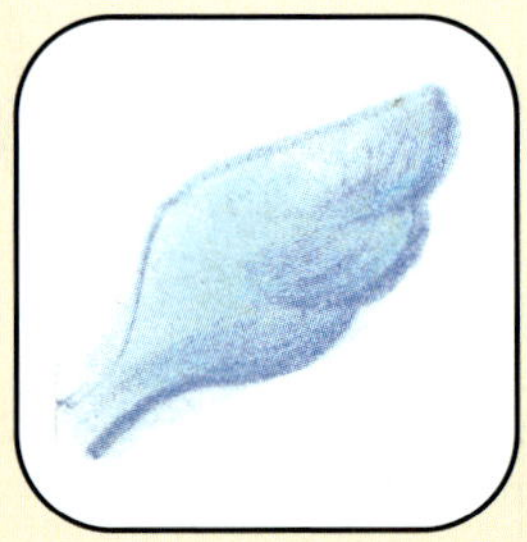

mel molí lila ala

PAS 2: ESCOLLIR - PAS 2.3

ENSENYANT: Assenyala on hi diu /mel/.
ALUMNE/-A: *Assenyala on hi diu /mel/ i ho repeteix.*
ENSENYANT: Assenyala el dibuix.
ALUMNE/-A: *Assenyala el dibuix i uneix amb una ratlla la paraula i el dibuix.*

PAS 3: LLEGIR - PAS 3.1

ENSENYANT: Aquí hi diu /mel/ (*assenyalant amb el dit cada una de les grafies*). Què hi diu, aquí?
ALUMNE/-A: /mel/ (*assenyalant amb el dit cada una de les grafies*).

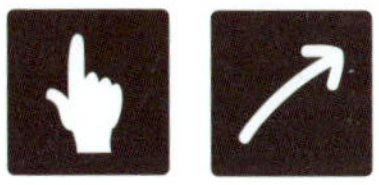

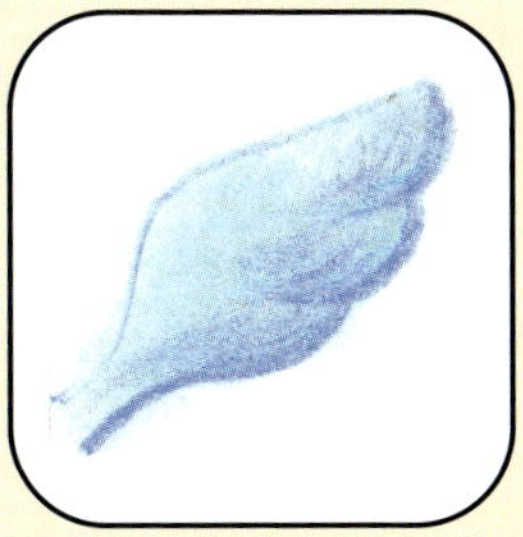

molí ala lila mel

mel

ala

molí

lila

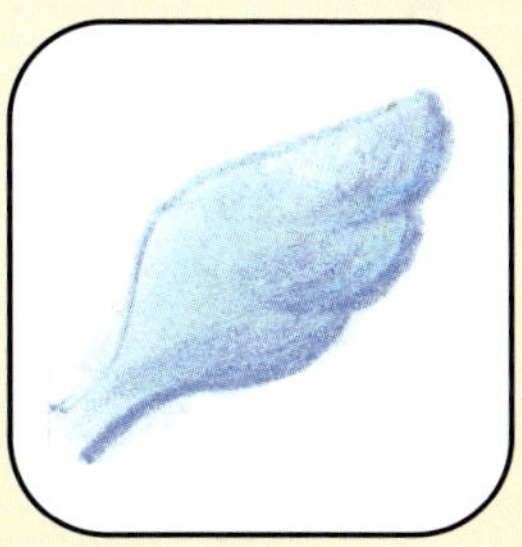

PAS 3: LLEGIR – PAS 3.2

ENSENYANT: Què hi diu, aquí?
ALUMNE/-A: /molí/.

PAS 3: LLEGIR – PAS 3.3

ENSENYANT: Què hi diu, aquí?
ALUMNE/-A: /mel/.
ENSENYANT: Busca el dibuix.
ALUMNE/-A: *Assenyala el dibuix i uneix amb una ratlla la paraula i el dibuix.*

mel molí lila

ala lila mel

molí ala lila

ala mel molí

PAS 3: LLEGIR – PAS 3.4

ENSENYANT: Què hi diu, aquí?
ALUMNE/-A: /mel/.
ENSENYANT: Què has llegit? Per què serveix? Què és? On és? (*L'alumne/-a ha de contestar algunes d'aquestes preguntes de cada una de les paraules*).

oli molí mal

ala lila lola

meló mel molí

lola ala oli

PAS 3: LLEGIR – PAS 3.5

ENSENYANT: Què hi diu, aquí?
ALUMNE/-A: /oli/.
ENSENYANT: Què has llegit? Per què serveix? Què és? On és? (*L'alumne/-a ha de contestar algunes d'aquestes preguntes de cada una de les paraules*).

el

pe	el	ma	le
ni	es	el	ro
tu	el	la	el
el	le	jo	la

LECTURA DELS ARTICLES EL/LA

PAS 1: APARELLAR – PAS 1.1

ENSENYANT: Aquí hi diu /el/. Assenyala i encercla els que són iguals que aquest.
ALUMNE/-A: *Assenyala i encercla on hi diu /el/, repetint la síl·laba cada cop que l'encercla.*

el la

la	le	el	al
le	el	la	la
la	pi	el	su
el	mo	la	el

PAS 1: APARELLAR – PAS 1.2

ENSENYANT: Aquí hi diu /el/. Assenyala i encercla els que són iguals que aquest.
ALUMNE/-A: *Assenyala i encercla on hi diu /el/, repetint la síl·laba cada cop que l'encercla.*
(S'ha de fer el mateix amb l'article /la/).

la	si	el	la
al	el	no	el
es	la	le	am
la	el	el	la

PAS 2: ESCOLLIR

ENSENYANT: Assenyala i encercla on hi diu /el/.
ALUMNE/-A: *Assenyala i encercla on hi diu /el/, repetint la síl·laba cada cop que l'encercla.*
(S'ha de fer el mateix amb l'article /la/).

ma	el	le	me
la	lu	el	la
mo	el	la	el
la	mi	el	la

PAS 3: LLEGIR

ENSENYANT: Què hi diu, aquí?
ALUMNE/-A: *Llegeix tot sol la pàgina sencera.*

la 

la 

la 

la 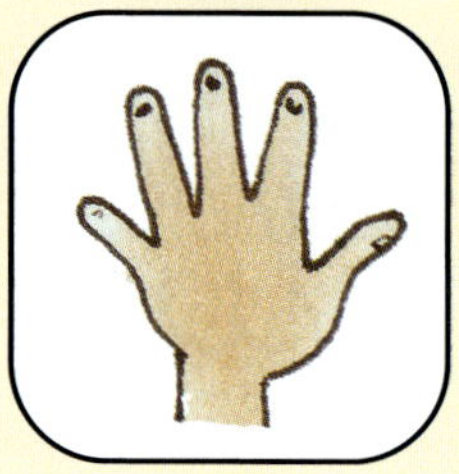

---

la mama
la lola
la mel
la mà

LECTURA D'ARTICLE I NOM

ENSENYANT: Què hi diu, aquí?
ALUMNE/-A: *Llegeix tot sol la pàgina sencera, assenyalant amb el dit els dibuixos i les paraules.*

el 

el 

el 

el 

el meló
el maó
el lila
el mal

LECTURA D'ARTICLE I NOM

ENSENYANT: Què hi diu, aquí?
ALUMNE/-A: *Llegeix tot sol la pàgina sencera, assenyalant amb el dit els dibuixos i les paraules.*

la mama

el molí

la mà

el meló

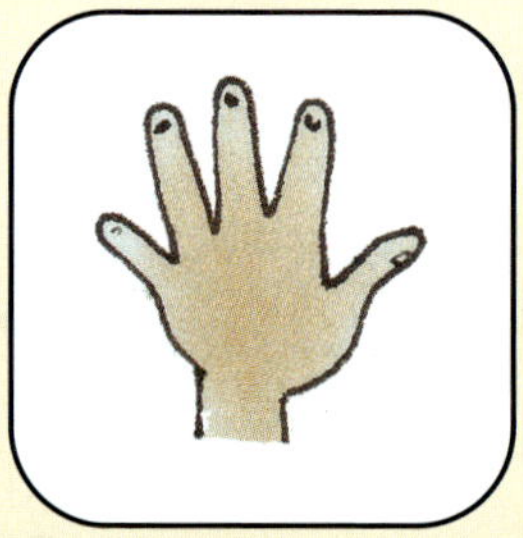

l'oli

LECTURA DE SINTAGMES

ENSENYANT: Llegeix i uneix el sintagma amb el dibuix.
ALUMNE/-A: *Llegeix el sintagma i l'uneix amb el dibuix corresponent.*

 i 

lola i mia

i 

mel i meló

iaia i lola

mà i mal

LECTURA DE SINTAGMES

ENSENYANT: Què hi diu, aquí?
ALUMNE/-A: *Llegeix els sintagmes*.

la  i la 

la lola i la mia

el  i el 

el mèu i el molí

l'ala i l'oli

la mà i el mal

LECTURA DE SINTAGMES

ENSENYANT: Què hi diu, aquí?
ALUMNE/-A: *Llegeix els sintagmes.*

la iaia i la mia

la lola mou la mà

la mama i la lola

LECTURA DE SINTAGMES I FRASES

ENSENYANT: Què hi diu, aquí?
ALUMNE/-A: *Llegeix els sintagmes/frases*.
ENSENYANT: *Fa preguntes explícites sobre el contingut dels sintagmes/frases.*

el molí lila

la mia mou

la mà

la mia i el meló

la iaia i la lola

LECTURA DE SINTAGMES I FRASES

ENSENYANT: Què hi diu, aquí?
ALUMNE/-A: *Llegeix els sintagmes/frases.*
ENSENYANT: *Fa preguntes explícites sobre el contingut dels sintagmes/frases.*
ALUMNE/-A: *Uneix els sintagmes/frases amb el dibuix corresponent.*

1. Avaluació d'habilitats de descodificació

a) Avaluació de paraules noves

mula mil

aula milió

mola

%=

b) Avaluació de les paraules de la lletra *l*

oli ala mal

mel meló molí

lola lila

%=

L'ensenyant, en cada un dels apartats, demana a l'alumne/-a que llegeixi cada paraula, compta les paraules que llegeix correctament i anota el % d'encerts. Per donar les habilitats de descodificació per assolides, cal que l'alumne/-a superi el 80%.

2. Avaluació de la comprensió

a) Associació paraula-dibuix

oli

mal

meló

lola

lila

%=

L'ensenyant demana a l'alumne/-a que llegeixi cada paraula i l'uneixi amb el dibuix corresponent, compta les paraules que uneix correctament amb el dibuix i anota el % d'encerts. Per donar aquesta habilitat de comprensió per superada, cal que l'alumne/-a uneixi correctament com a mínim el 80% de les paraules.

b) Associació sintagma/frase-dibuix

la mama i
la mia

el lilà lila

la iaia mou
la mà

la lola i
el mèu

%=

L'ensenyant demana a l'alumne/-a que llegeixi cada frase. Fa una o dues preguntes explícites sobre el contingut de cada frase i anota si l'alumne/-a ha respost correctament les preguntes. Un cop ha llegit la frase, l'ensenyant demana a l'alumne/-a que l'uneixi amb el dibuix corresponent. Per donar aquesta habilitat de comprensió per superada, cal que l'alumne/-a contesti correctament com a mínim el 80% de les preguntes i uneixi correctament com a mínim 3 dels 4 sintagmes/frases.

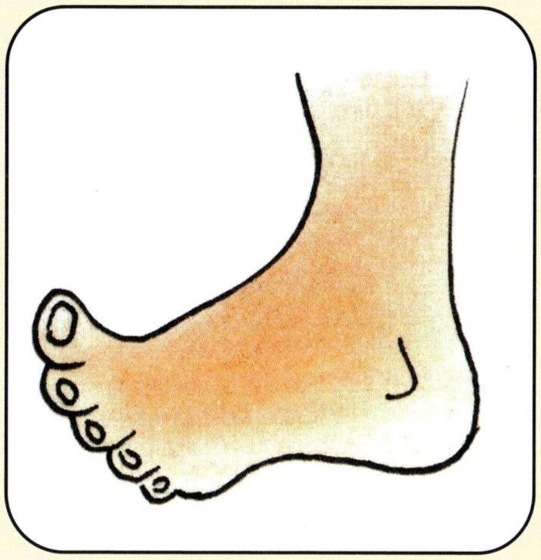

p

ENSENYANT: Això és un peu (*remarcant el so* /p/), peu comença amb el so /p/. La lletra del so /p/ és aquesta (*assenyalant la grafia*). Què hi diu, aquí? (*assenyalant la grafia*).

ALUMNE/-A: /p/.

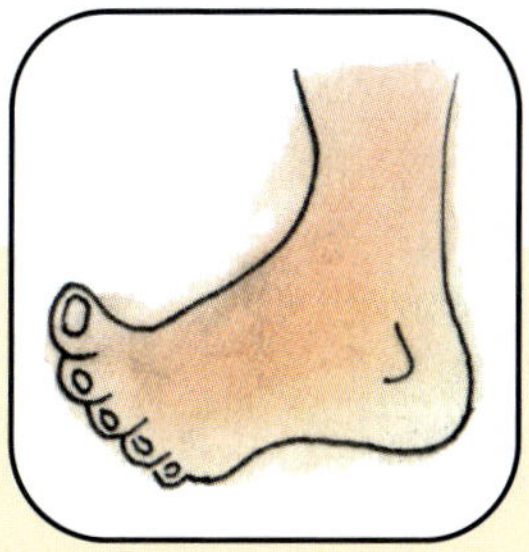

p

p l m p

n p s n

p l p d

s t c g

PAS 1: APARELLAR – PAS 1.1

ENSENYANT: Aquí hi diu /p/ (*remarcant el so /p/*). Assenyala i encercla les que són iguals que aquesta.
ALUMNE/-A: *Assenyala i encercla la lletra* p, *dient el so cada cop que l'encercla.*

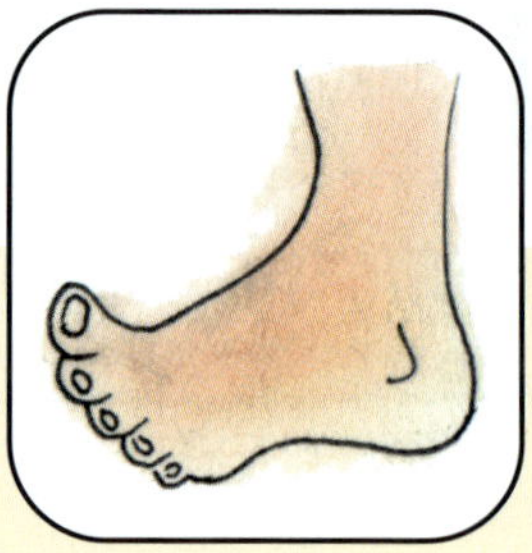

p

poma	pi	mà
sala	pu	ep
tela	sola	sol
seu	sis	copa

PAS 1: APARELLAR – PAS 1.2

ENSENYANT: Aquí hi diu /p/ (*remarcant el so /p/*). Assenyala i encercla les que són iguals que aquesta.
ALUMNE/-A: *Assenyala i encercla la lletra* p, *dient el so cada cop que l'encercla.*

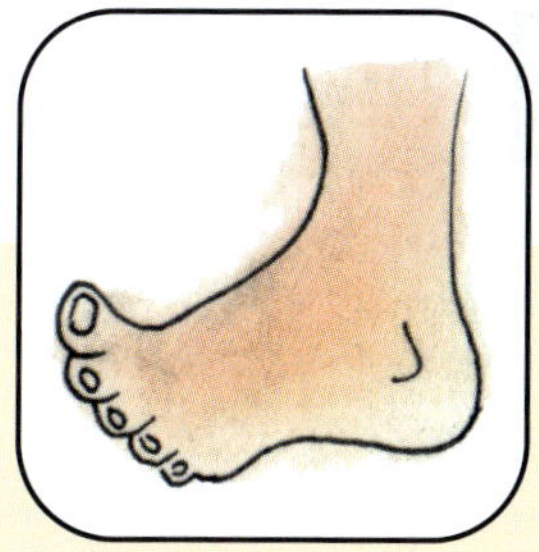

l	m	p	t
s	p	n	p
m	l	p	s
p	d	g	c

PAS 2: ESCOLLIR – PAS 2.1

ENSENYANT: Assenyala i encercla on hi diu /p/ (*remarcant el so* /p/).
ALUMNE/-A: *Assenyala i encercla la lletra* p, *dient el so cada cop que l'encercla.*

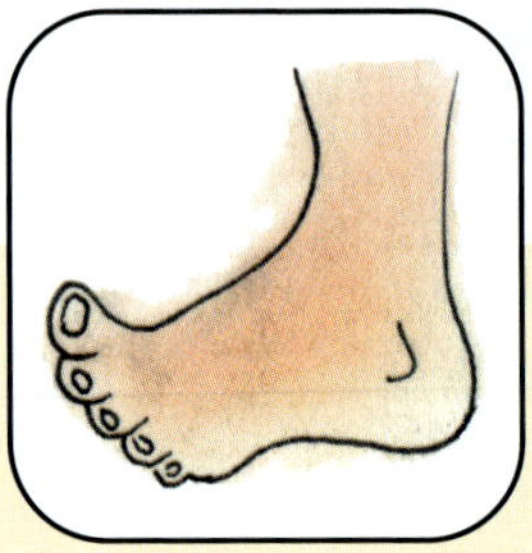

pu mou ap

mapa teula mà

sola pou sopa

mèu seu dau

PAS 2: ESCOLLIR – PAS 2.2

ENSENYANT: Assenyala i encercla on hi diu /p/ (*remarcant el so* /p/).
ALUMNE/-A: *Assenyala i encercla la lletra* p, *dient el so cada cop que l'encercla.*

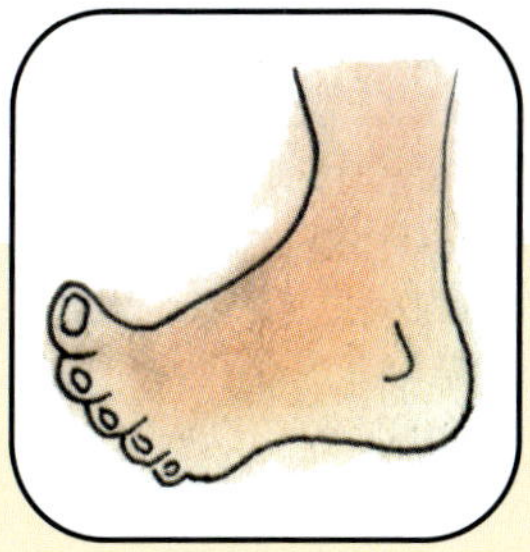

p	ou	l	m
a	p	ai	p
p	m	l	ui
au	l	m	p

PAS 3: LLEGIR

ENSENYANT: Què hi diu, aquí?

ALUMNE/-A: *Llegeix tot sol la pàgina sencera, assenyalant amb el dit cada una de les grafies.*

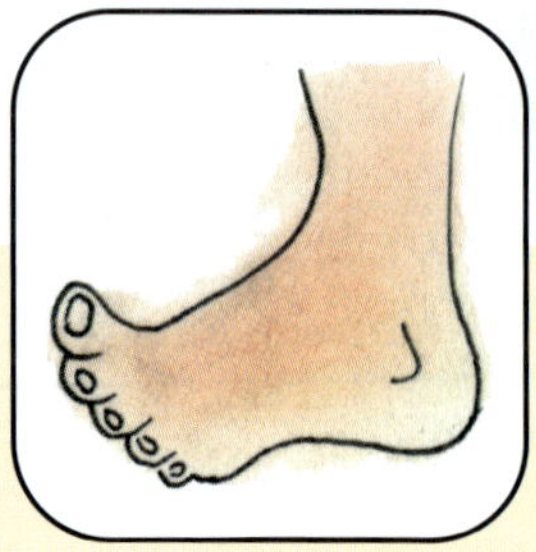

p a

pa

p e

pe

p o

po

p i

pi

p u

pu

LECTURA DE SÍL·LABES. PRESENTACIÓ

ENSENYANT: Aquí hi diu /p/ i aquí hi diu /a/ i juntes diuen /pa/ (*remarcant el so* /p/). Què hi diu, aquí?
ALUMNE/-A: /pa/.
(S'ha de fer el mateix síl·laba per síl·laba, assenyalant amb el dit cada una de les grafies.)

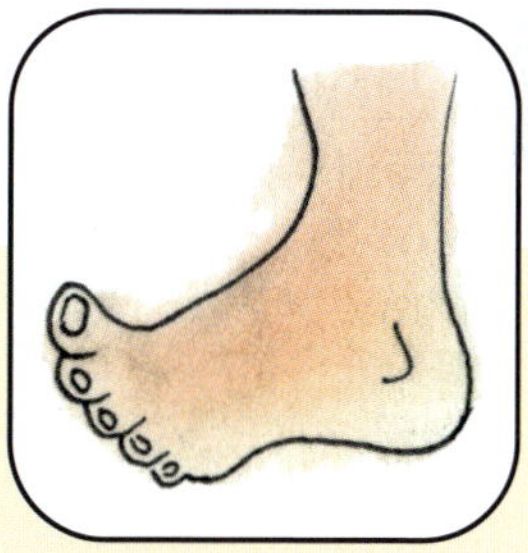

pu po pe pi pa

peu pau coca

pou pila pupa

pela poma piu

cama pua sal

PAS 1: APARELLAR

ENSENYANT: Aquí hi diu /pu/ (*remarcant el so /p/*). Assenyala i encercla les que són iguals que aquesta.
ALUMNE/-A: *Assenyala i encercla on hi diu /pu/, repetint la síl·laba cada cop que l'encercla.*
(S'ha de fer el mateix síl·laba per síl·laba, assenyalant amb el dit cada una de les grafies.)

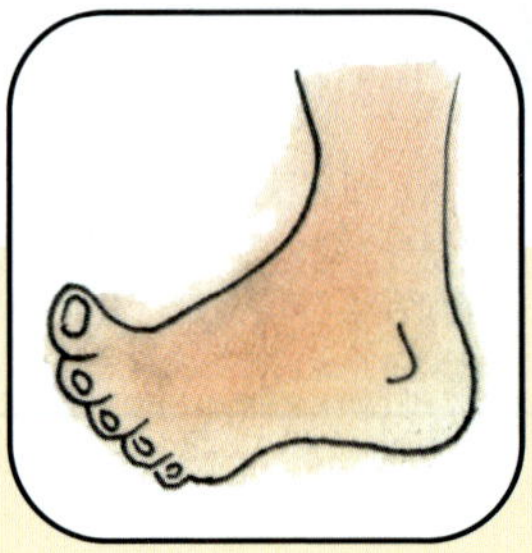

pi	sa	lo	pu
mi	pe	po	na
pa	li	pi	pe
so	pu	me	la
nu	po	le	pa

PAS 2: ESCOLLIR

ENSENYANT: Assenyala i encercla on hi diu /pa/ (*remarcant el so /p/*).
ALUMNE/-A: *Assenyala i encercla on hi diu /pa/, repetint la síl·laba cada cop que l'encercla.*
(S'ha de fer el mateix síl·laba per síl·laba, assenyalant amb el dit cada una de les grafies.)

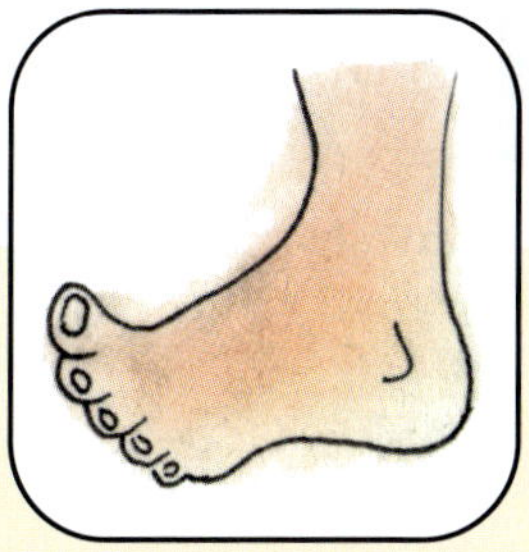

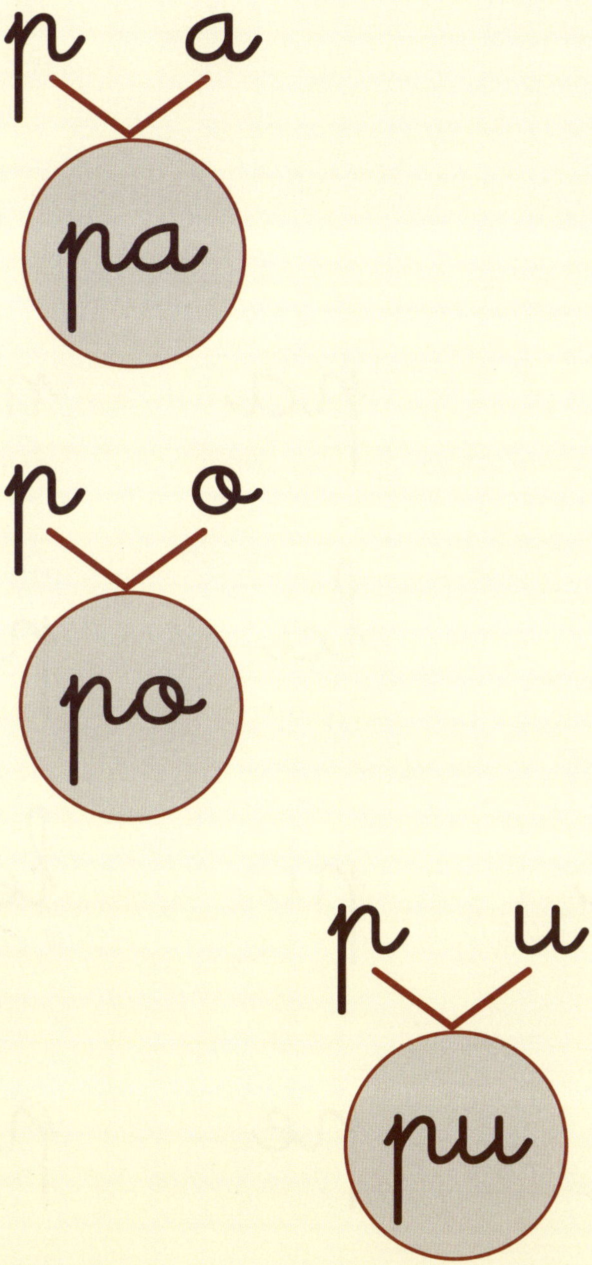

PAS 3: LLEGIR – PAS 3.1

ENSENYANT: Aquí hi diu (*alumne/-a* → /p/) i aquí hi diu (*alumne/-a* → /a/) i juntes diuen /pa/ (*remarcant el so* /p/). Què hi diu, aquí?

ALUMNE/-A: /pa/.

(S'ha de fer el mateix amb les altres síl·labes, assenyalant amb el dit cada una de les grafies.)

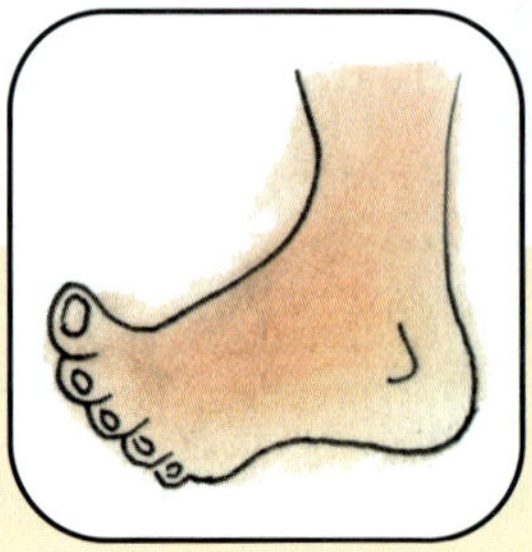

pe	lo	pa	mi
pu	pi	la	po
me	pa	pi	le
po	li	pe	pu

PAS 3: LLEGIR – PAS 3.2

ENSENYANT: Què hi diu, aquí?

ALUMNE/-A: *Llegeix tot sol la pàgina sencera, assenyalant amb el dit cada una de les grafies.*

pa

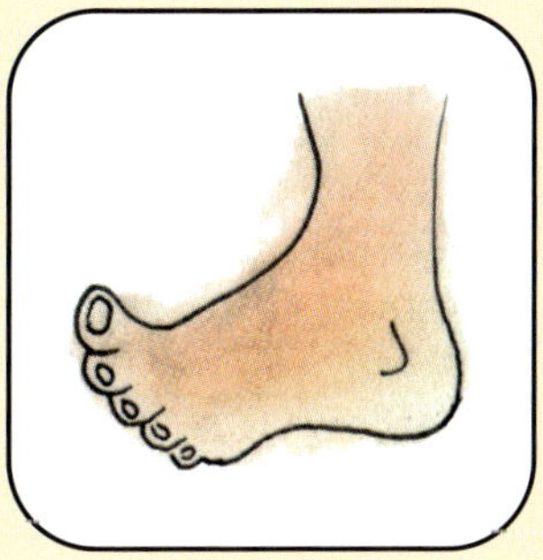

peu

pala

poma

lupa

papa

polo

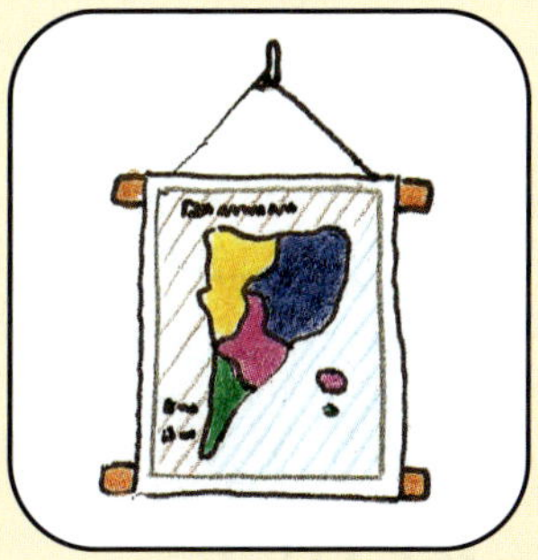

mapa

LECTURA DE PARAULES

(Abans d'introduir la lectura de paraules, cal treballar-les a nivell oral i visual i, fer exercicis de comprensió oral –cal assegurar-se que l'alumne/-a coneix el vocabulari que ha de llegir.)

(Abans de presentar la lectura de paraules d'aquesta pàgina, l'ensenyant proposa activitats orals de síntesi de paraules senzilles, per exemple: pala, poma, polo. *Després presenta la paraula clau /peu/ fonema per fonema i l'alumne/-a n'ha de fer la síntesi.)*

ENSENYANT: *Assenyala els dibuixos i llegeix, assenyalant amb el dit, cada una de les paraules.*

ALUMNE/-A: *Imita el model de l'ensenyant.*

pa

peu
pa
pala
poma

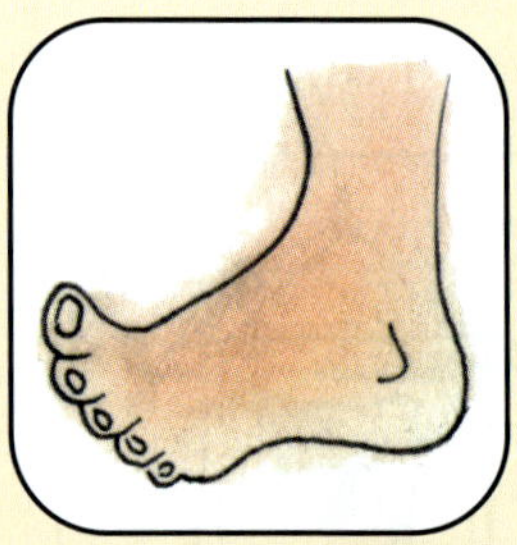

peu

pala
pa
poma
peu

PAS 1: APARELLAR - PAS 1.1

ENSENYANT: Aquí hi diu /pa/ (*assenyalant amb el dit, cada una de les grafies*). Busca la que és igual. (*En les paraules de dues síl·labes, l'ensenyant assenyala cada síl·laba mentre la pronuncia*).

ALUMNE/-A: *Assenyala on hi diu /pa/, ho repeteix i uneix les dues paraules.*

(Cal fer tots els exercicis del pas 1.1 el mateix dia.)

pala

poma

pa

pala

peu

poma

poma

pala

peu

pa

PAS 1: APARELLAR – PAS 1.1

ENSENYANT: Aquí hi diu /pala/ (*assenyalant amb el dit, cada una de les grafies*). Busca la que és igual. (*En les paraules de dues síl·labes, l'ensenyant assenyala cada síl·laba mentre la pronuncia*).

ALUMNE/-A: *Assenyala on hi diu /pala/, ho repeteix i uneix les dues paraules.*

(Cal fer tots els exercicis del pas 1.1 el mateix dia.)

pa poma

pala pa

poma peu

peu pala

---

pala pa

peu pala

pa poma

poma peu

PAS 1: APARELLAR – PAS 1.2

ENSENYANT: Aquí hi diu /pa/ (*assenyalant amb el dit, cada una de les grafies*). Busca la que és igual.
ALUMNE/-A: *Assenyala on hi diu /pa/, ho repeteix i uneix les dues paraules.*
(S'ha de fer el mateix amb totes les paraules.)

peu

pala

pa

poma

poma

pa

peu

pala

papa

poma

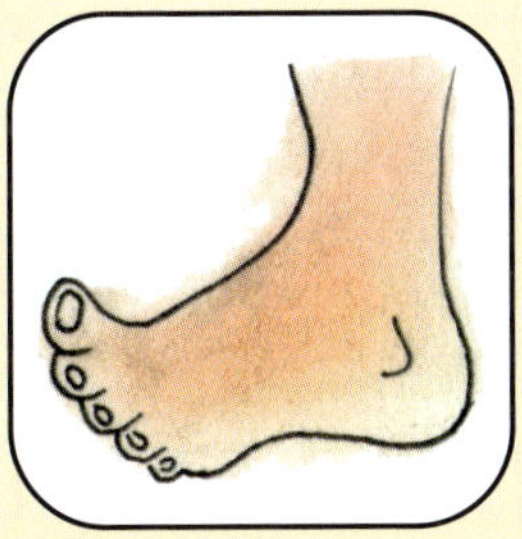

poma peu pa pala

PAS 1: APARELLAR – PAS 1.3

ENSENYANT: Aquí hi diu /peu/ (*assenyalant amb el dit, cada una de les grafies*). Busca la que és igual.
ALUMNE/-A: *Assenyala on hi diu /peu/, ho repeteix i uneix les dues paraules.*
(S'ha de fer el mateix amb totes les paraules.)

PAS 2: ESCOLLIR – PAS 2.1

ENSENYANT: *Assenyala un per un els dibuixos i en diu el nom. Després diu:* assenyala on hi diu /peu/.
ALUMNE/-A: *Assenyala on hi diu /peu/ i ho repeteix.*

poma

peu

pa

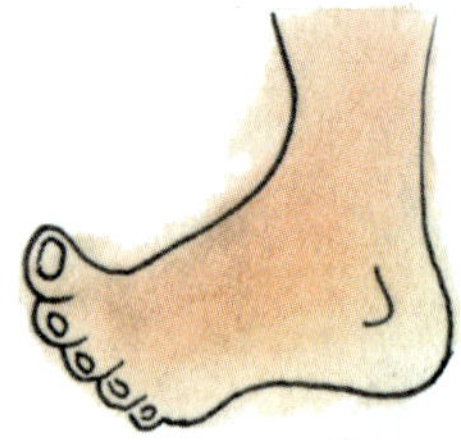

pala

poma

peu

peu

pa

pala

peu

poma

pala

PAS 2: ESCOLLIR – PAS 2.2

ENSENYANT: Assenyala on hi diu /poma/.
ALUMNE/-A: *Assenyala i encercla on hi diu /poma/ i ho repeteix.*

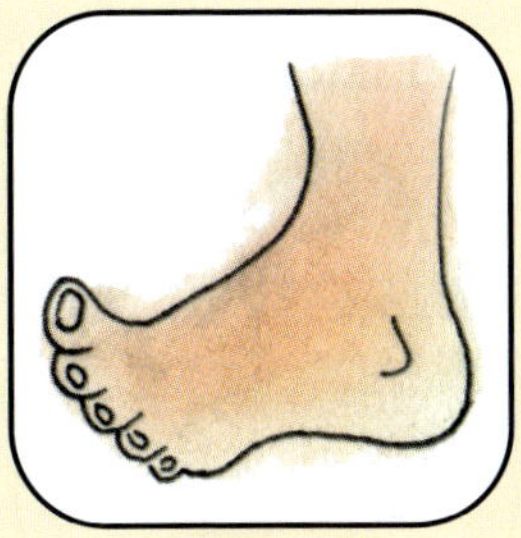

pala

pa

poma

peu

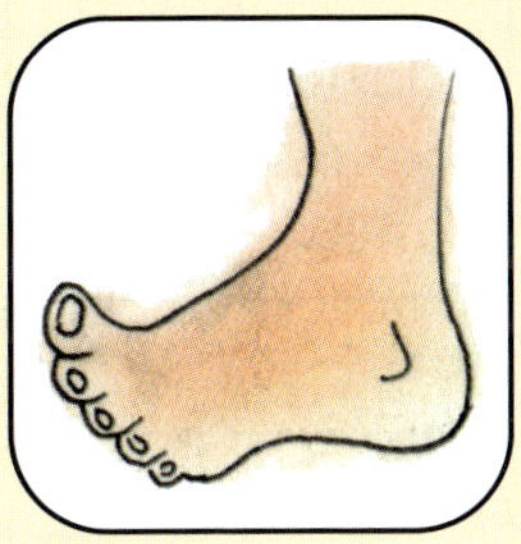

peu pala pa poma

PAS 2: ESCOLLIR – PAS 2.3

ENSENYANT: Assenyala on hi diu /peu/.
ALUMNE/-A: *Assenyala on hi diu /peu/ i ho repeteix.*
ENSENYANT: Assenyala el dibuix.
ALUMNE/-A: *Assenyala el dibuix i uneix amb una ratlla la paraula i el dibuix.*

PAS 3: LLEGIR – PAS 3.1

ENSENYANT: Aquí hi diu /peu/ (*assenyalant amb el dit cada una de les grafies*). Què hi diu, aquí?
ALUMNE/-A: /peu/ (*assenyalant amb el dit cada una de les grafies*).

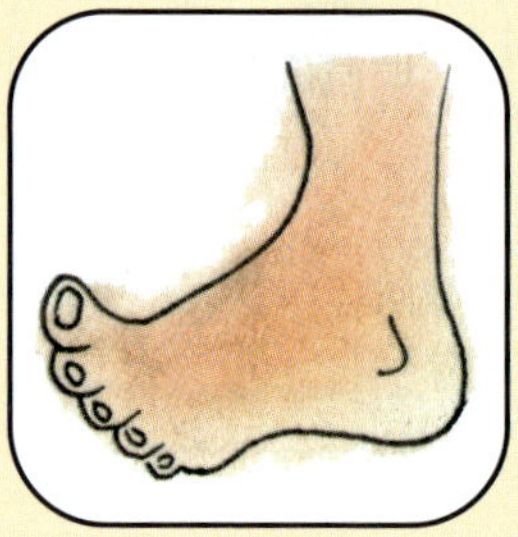   

peu pala pa poma

pala

peu

pa

poma

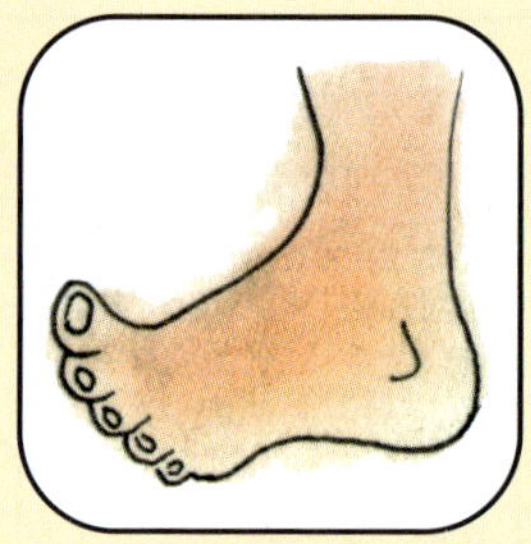

PAS 3: LLEGIR – PAS 3.2

ENSENYANT: Què hi diu, aquí?
ALUMNE/-A: /peu/.

PAS 3: LLEGIR – PAS 3.3

ENSENYANT: Què hi diu, aquí?
ALUMNE/-A: /pala/.
ENSENYANT: Busca el dibuix.
ALUMNE/-A: *Assenyala el dibuix i uneix amb una ratlla la paraula i el dibuix.*

peu	pa	pala
poma	peu	poma
pa	pala	poma
pala	peu	pa

PAS 3: LLEGIR – PAS 3.4

ENSENYANT: Què hi diu, aquí?
ALUMNE/-A: /peu/.
ENSENYANT: Què has llegit? Per què serveix? Què és? On és? (*L'alumne/-a ha de contestar algunes d'aquestes preguntes de cada una de les paraules*).

lupa

papa

lupa

polo

mapa

papa

mapa

polo

papa

lupa

PAS 1: APARELLAR - PAS 1.1

ENSENYANT: Aquí hi diu /lupa/ (*assenyalant amb el dit, cada una de les grafies*). Busca la que és igual. (*En les paraules de dues síl·labes, l'ensenyant assenyala cada síl·laba mentre la pronuncia*).

ALUMNE/-A: *Assenyala on hi diu /lupa/, ho repeteix i uneix les dues paraules.*

(Cal fer tots els exercicis del pas 1.1 el mateix dia.)

polo

polo

lupa

mapa

papa

mapa

papa

polo

lupa

mapa

PAS 1: APARELLAR – PAS 1.1

ENSENYANT: Aquí hi diu /polo/ (*assenyalant amb el dit, cada una de les grafies*). Busca la que és igual. (*En les paraules de dues síl·labes, l'ensenyant assenyala cada síl·laba mentre la pronuncia).*

ALUMNE/-A: *Assenyala on hi diu /polo/, ho repeteix i uneix les dues paraules.*

(Cal fer tots els exercicis del pas 1.1 el mateix dia.)

↗

papa mapa

lupa polo

polo lupa

mapa papa

---

papa lupa

lupa papa

polo mapa

mapa polo

PAS 1: APARELLAR – PAS 1.2

ENSENYANT: Aquí hi diu /papa/ (*assenyalant amb el dit, cada una de les grafies*). Busca la que és igual.
ALUMNE/-A: *Assenyala on hi diu /papa/, ho repeteix i uneix les dues paraules.*
(S'ha de fer el mateix amb totes les paraules.)

lupa

mapa

polo

papa

polo

peu

papa

pa

mapa

lupa

polo papa lupa mapa

PAS 1: APARELLAR – PAS 1.3

ENSENYANT: Aquí hi diu /lupa/ (*assenyalant amb el dit, cada una de les grafies*). Busca la que és igual.
ALUMNE/-A: *Assenyala on hi diu /lupa/, ho repeteix i uneix les dues paraules.*
(S'ha de fer el mateix amb totes les paraules.)

PAS 2: ESCOLLIR – PAS 2.1

ENSENYANT: *Assenyala un per un els dibuixos i en diu el nom. Després diu:* assenyala on hi diu /mapa/.
ALUMNE/-A: *Assenyala on hi diu /mapa/ i ho repeteix.*

lupa

papa

polo

mapa

lupa

polo

papa

mapa

lupa

lupa

polo

mapa

PAS 2: ESCOLLIR – PAS 2.2

ENSENYANT: Assenyala on hi diu /papa/.
ALUMNE/-A: *Assenyala i encercla on hi diu /papa/ i ho repeteix.*

mapa

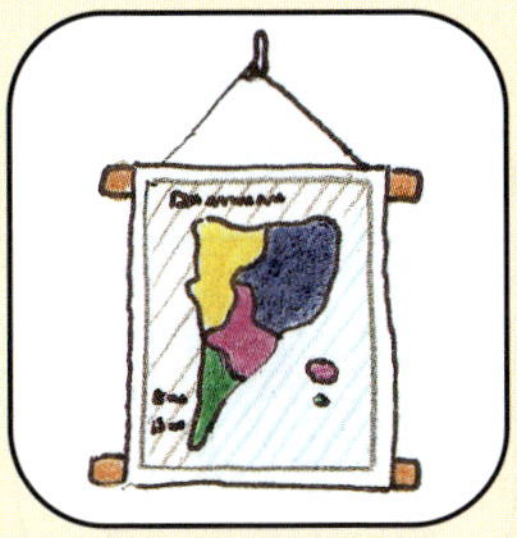

lupa

papa

polo

polo mapa papa lupa

PAS 2: ESCOLLIR – PAS 2.3

ENSENYANT: Assenyala on hi diu /lupa/.
ALUMNE/-A: *Assenyala on hi diu /lupa/ i ho repeteix.*
ENSENYANT: Assenyala el dibuix.
ALUMNE/-A: *Assenyala el dibuix i uneix amb una ratlla la paraula i el dibuix.*

PAS 3: LLEGIR – PAS 3.1

ENSENYANT: Aquí hi diu /polo/ (*assenyalant amb el dit cada una de les grafies*). Què hi diu, aquí?
ALUMNE/-A: /polo/ (*assenyalant amb el dit cada una de les grafies*).

mapa papa polo lupa

papa

lupa

mapa

polo

PAS 3: LLEGIR – PAS 3.2

ENSENYANT: Què hi diu, aquí?
ALUMNE/-A: /mapa/.

PAS 3: LLEGIR – PAS 3.3

ENSENYANT: Què hi diu, aquí?
ALUMNE/-A: /papa/.
ENSENYANT: Busca el dibuix.
ALUMNE/-A: *Assenyala el dibuix i uneix amb una ratlla la paraula i el dibuix.*

papa lupa mapa

polo mapa papa

lupa polo papa

mapa lupa polo

PAS 3: LLEGIR – PAS 3.4

ENSENYANT: Què hi diu, aquí?
ALUMNE/-A: /papa/.
ENSENYANT: Què has llegit? Per què serveix? Què és? On és? (*L'alumne/-a ha de contestar algunes d'aquestes preguntes de cada una de les paraules*).

papa peu polo

poma mapa pa

pala lupa peu

polo poma mapa

PAS 3: LLEGIR – PAS 3.5

ENSENYANT: Què hi diu, aquí?
ALUMNE/-A: /papa/.
ENSENYANT: Què has llegit? Per què serveix? Què és? On és? (*L'alumne/-a ha de contestar algunes d'aquestes preguntes de cada una de les paraules*).

el  i la 

el papa i la mama

la  i la 

la poma i la mel

pam i pipa

la mà i el peu

LECTURA DE SINTAGMES

ENSENYANT: Què hi diu, aquí?
ALUMNE/-A: *Llegeix els sintagmes.*

la pepa pela la poma

la mia mou la pala

la mama mou el peu

LECTURA DE FRASES

ENSENYANT: Què hi diu, aquí?
ALUMNE/-A: *Llegeix les frases.*
ENSENYANT: *Fa preguntes explícites sobre el contingut de les frases.*

el meu peu

la lola mou
la mà

el papa pela
el meló

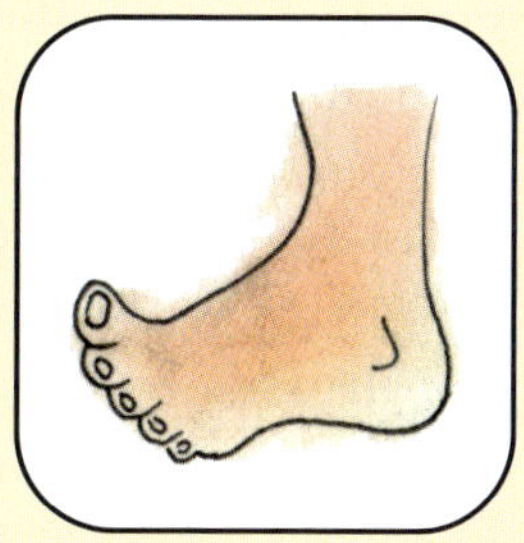

el papa i la lola

LECTURA DE SINTAGMES I FRASES

ENSENYANT: Què hi diu, aquí?
ALUMNE/-A: *Llegeix els sintagmes/frases.*
ENSENYANT: *Fa preguntes explícites sobre el contingut dels sintagmes/frases.*
ALUMNE/-A: *Uneix el sintagmes/frases amb el dibuix corresponent.*

1. Avaluació d'habilitats de descodificació

a) Avaluació de paraules noves

pom pila

pela pop

pal

%=

b) Avaluació de les paraules de la lletra *p*

pa peu pala

poma lupa papa

polo mapa

%=

L'ensenyant, en cada un dels apartats, demana a l'alumne/-a que llegeixi cada paraula, compta les paraules que llegeix correctament i anota el % d'encerts. Per donar les habilitats de descodificació per assolides, cal que l'alumne/-a superi el 80%.

2. Avaluació de la comprensió

a) Associació paraula-dibuix

papa

pala

poma

peu

polo

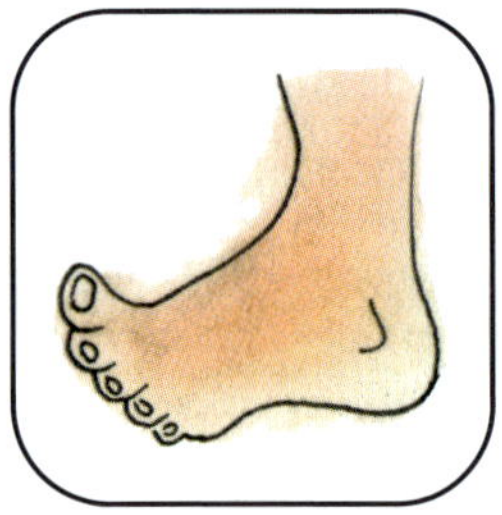

%=

L'ensenyant demana a l'alumne/-a que llegeixi cada paraula i l'uneixi amb el dibuix corresponent, compta les paraules que uneix correctament amb el dibuix i anota el % d'encerts. Per donar aquesta habilitat de comprensió per superada, cal que l'alumne/-a uneixi correctament com a mínim el 80% de les paraules.

b) Associació sintagmes/frase-dibuix

la mia pela
la poma

el meu polo

el papa i
el maó

la mama
mou el peu

%=

L'ensenyant demana a l'alumne/-a que llegeixi cada frase. Fa una o dues preguntes explícites sobre el contingut de cada frase i anota si l'alumne/-a ha respost correctament les preguntes. Un cop ha llegit la frase, l'ensenyant demana a l'alumne/-a que l'uneixi amb el dibuix corresponent. Per donar aquesta habilitat de comprensió per superada, cal que l'alumne/-a contesti correctament com a mínim el 80% de les preguntes i uneixi correctament com a mínim 3 dels 4 sintagmes/frases.

la laia i en pep

la laia, en pep
i la mama

la laia té mal,
mal a la mà
ai la mà!
ai el mal!

en pep té mal,
mal al peu
ai el peu!
ai el mal!

la laia mou la mà,
en pep mou el peu.
ai la mà!
ai el peu!

la mama, la laia i en pep.

la mama cura el mal.

la laia no té mal,

en pep no té mal.